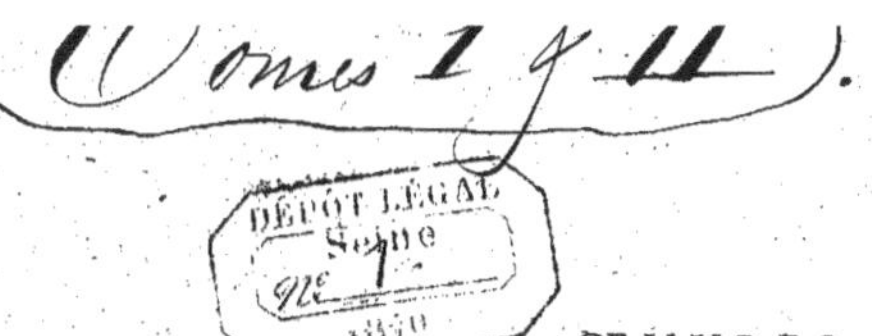

ŒUVRES D'ART

ANCIENNES ET MODERNES

TABLEAUX, DESSINS, SCULPTURES, GRAVURES, CURIOSITÉS, ETC.

LE MUSÉE UNIVERSEL

PAR

ÉDOUARD LIÈVRE

AVEC LE CONCOURS

DES ARTISTES ET DES ECRIVAINS LES PLUS DISTINGUES

2e Série

OPTIMA PROPAGARE

GOUPIL & Cie

PARIS, 19 BOULEVARD MONTMARTRE, ET RUE CHAPTAL 9

M DCCC LXVIII

Livraison.

LE MUSÉE

UNIVERSEL

J. Claye, imprimeur
S. Benoît, 7. à paris

ŒUVRES D'ART

ANCIENNES ET MODERNES

TABLEAUX, DESSINS, SCULPTURES, GRAVURES, CURIOSITÉS, ETC.

LE MUSÉE
UNIVERSEL

PAR

ÉDOUARD LIÈVRE

AVEC LE CONCOURS

DES ARTISTES ET DES ÉCRIVAINS LES PLUS DISTINGUÉS

TOME DEUXIÈME

GOUPIL & Cie

19, BOULEVARD MONTMARTRE, ET RUE CHAPTAL, 9

A PARIS

1869

L'HOMME AU CHAPERON NOIR

D'APRÈS

ANDREA DEL SARTO

(GALERIE NATIONALE DE LONDRES)

L se peut que, pour les beaux esprits rompus aux subtilités de l'esthétique, Andrea del Sarto ne soit pas un maître de premier ordre; mais il est certain que lorsque, à son retour d'une excursion à Florence, le voyageur passe en revue les merveilles qu'il a étudiées, son souvenir revient sans cesse à ce peintre qui a si bien compris dans les choses humaines la note attendrie & douloureuse.

Cet Andrea, — qu'un monogramme mal interprété a fait baptiser Vannucchi, — est un Florentin du meilleur temps. Il naquit en 1488. Son père Agnolo était tailleur (*sarto*); de là le surnom que le vaillant artiste a immortalisé. Andrea travailla d'abord chez un orfèvre, & ensuite chez Piero di Cosimo, un maître qu'il ne faut point dédaigner, & dont nous possédons au Louvre une peinture intéressante, le *Couronnement de la Vierge*. L'étude des chefs-d'œuvre de Léonard de Vinci & de Michel-Ange exerça sur le talent d'Andrea la plus heureuse influence : il y apprit la morbidesse du pinceau, la grâce des têtes souriantes ou pensives, l'ampleur des attitudes héroïques : il ne dut qu'à son génie & aux durs enseignements de la vie cette flamme intérieure, ce pur sentiment qui ont fait de lui un des maîtres les plus touchants de l'école italienne.

D'immenses travaux l'illustrèrent à Florence. Les fresques du cloître de l'Annunziata, celles de la confrérie del Scalzo avaient porté sa réputation au plus haut point, lorsque François Ier l'appela à sa cour. Andrea del Sarto arriva à Paris en 1518, & c'est en France qu'il peignit son tableau de la *Charité*, qui est au Louvre & qui, malgré les mutilations que des vandales lui ont fait subir, reste magnifique encore.

On sait comment le drame vint se mêler alors à la vie d'Andrea. Il avait laissé à Florence sa femme Lucrezia del Fede, qu'il aimait chèrement, & qui, — les mauvaises langues le disent, — n'était pas tout à fait digne de sa tendresse. Il voulut la revoir : il demanda à François Ier la permission d'aller passer quelque temps en Italie, & ayant obtenu l'agrément du roi, il emporta pour lui complaire une assez forte somme qu'il devait employer à l'acquisition d'œuvres d'art (1519). On raconte qu'il dépensa follement l'argent du trésor royal, & qu'il n'osa revenir à Paris. Un peu honteux de l'aventure, & la paix de son ménage étant d'ailleurs fort troublée, il chercha des consolations dans le travail. Son talent grandissait encore, il était l'honneur de son pays & de son temps, lorsqu'une épidémie ayant ravagé Florence, il y mourut en 1530, à peine âgé de quarante-deux ans.

Indépendamment de ses fresques & de ses peintures religieuses, où il s'est montré admirable, Andrea del Sarto a laissé un certain nombre de portraits qui, même à côté des œuvres des portraitistes de profession, conservent la plus haute valeur. La forte structure du dessin intérieur s'y devine sous un modelé adouci; la physionomie individuelle s'y inscrit avec tout son accent.

Le portrait que reproduit le *Musée universel,* & dont la Galerie nationale de Londres a fait l'acquisition à Florence en 1862, a longtemps passé pour représenter Andrea del Sarto lui-même. Nous n'y retrouvons pas ses traits, & pour peu qu'on se rappelle l'effigie d'Andrea au palais Pitti, on renoncera à cette vieille erreur. Ce sentiment est d'ailleurs celui de MM. Crowe & Cavalcaselle : pour les savants auteurs de l'*History of Painting in Italy*y la peinture conservée à la Galerie nationale est le portrait, d'ailleurs fort précieux, d'un personnage inconnu. La tête couverte d'un chaperon noir, il est vu à mi-corps & porte un costume qui est plutôt celui d'un artiste que d'un gentilhomme. Il tient des deux mains un livre fermé & se retourne à demi vers le spectateur, comme pour montrer sa noble prestance florentine. Ce portrait, que la France envie à l'Angleterre, est un type excellent de la manière de ce maître puissant, pour qui la vie eut de si tristes heures. Andrea del Sarto avait souffert : sa pensée est faite de mélancolie; derrière le masque, il voit le visage, & il laisse parfois deviner une larme dans un sourire commencé.

PAUL MANTZ.

AU ROI!

D'APRÈS

F. WILLEMS

(ANCIENNE COLLECTION DE M. DE MORNY)

A Belgique est un coin de terre privilégié. La quantité d'hommes éminents que ce pays a produits est vraiment prodigieuse. Par sa dimension, à peine s'il occupe une place sur la carte, mais dès qu'il s'agit des travaux de l'esprit, art, science ou industrie, on le trouve toujours au premier rang. L'exposition de 1855 & celle de 1867 ont montré à l'Europe que la vieille école flamande voulait se reconstituer avec la jeune nationalité belge. Parmi le groupe d'artistes dont les œuvres attirent & passionnent le public, M. Willems est un de ceux qui sont le plus justement appréciés. Les amateurs se disputent aujourd'hui ses tableaux, dont la place est marquée d'avance dans les collections publiques. Personne mieux que lui ne sait peindre une étoffe chatoyante, faire traîner une robe de satin sur le parquet d'un salon, associer la chair blanche d'une jeune femme aux teintes fines de ses cheveux blonds, friser cavalièrement la moustache d'un gentilhomme. Il peint rarement le plein air, & se plaît à répandre une lumière douce & blanchâtre dans des appartements, où un mobilier du goût le plus exquis accompagne & fait valoir les personnages qui s'y meuvent.

L'éducation pittoresque de M. Willems s'est faite bien moins dans les académies en face du modèle vivant, que dans les collections ou les boutiques de vieux tableaux. Très-jeune il s'est familiarisé avec les maîtres dont on le chargeait de restaurer les œuvres, tâche dont il s'acquittait avec un rare bonheur. Il lui est toujours resté quelque chose de ces impressions premières. Aussi la critique, morose par état & superficielle par habitude, n'a pas manqué de l'accuser de plagiat. Il serait pourtant difficile de dire avec quel peintre ancien on lui trouve une si parfaite similitude. Il n'a ni la couleur d'un Metzu, ni la bonhomie d'un Terburg, ni la finesse minutieuse d'un Mieris, & il possède une qualité qui lui est bien personnelle, la parfaite distinction. Jamais son pinceau aristocratique n'a voulu traduire la vulgarité. Toutefois, s'il ne ressemble en particulier à aucun des maîtres que nous venons de nommer, il est bien de leur famille à tous, mais ce n'est pas nous qui lui reprocherons cette parenté.

Le premier tableau de M. Willems qui ait fait sensation en France représentait *Une vente de tableaux*. Depuis le salon de 1853, où le public a fait connaissance avec lui, l'artiste a donné *la Veuve, l'Intérieur d'une boutique de soierie en 1660, l'Accouchée, J'y étais, les Adieux, le Message,* &c. Le tableau dont nous donnons aujourd'hui la gravure est un des meilleurs du maître : il a fait partie de la galerie du duc de Morny, & un Américain en est aujourd'hui l'heureux possesseur. Cinq gentilshommes groupés autour d'une table boivent à la santé du roi. Tous sont debout & les verres se choquent en l'air, mais chacun tient le sien différemment. Le jeune homme enthousiaste acclame des deux bras les services qu'il compte rendre à son roi, tandis qu'un serviteur déjà éprouvé tend son verre avec le calme d'un homme sûr de lui & qui n'en est plus à l'espérance. Un autre, qui était en retard, présente le sien à un jeune page qui lui verse à boire. Le sujet, on le voit, est des plus simples, mais l'art sait tout animer.

M. Willems a trouvé dans son graveur, M. Courtry, un excellent interprète. Les valeurs d'effet sont parfaitement rendues dans son eau-forte & les noirs savent être puissants sans être opaques. Les têtes & les étoffes sont aussi traitées avec une grande finesse, & M. Courtry, qui à su déjà rendre des maîtres d'un ordre très-différent, fait preuve ici d'un talent d'une grande souplesse.

RENÉ MÉNARD.

LE COMBAT DE COQS

TABLEAU DE

FERDINAND ROYBET

(COLLECTION DE M. MONJEAN)

FIN de renouveler un sujet maintes fois traité par nos peintres modernes, M. Roybet a choisi pour arène à son *Combat de Coqs* la salle basse de quelque château féodal en ce somptueux XVe siècle que les admirables travaux de M. Viollet-le-Duc nous ont rendu familier. Le motif est simple : un fou de cour & un page ; le premier, tout de rouge habillé, portant le costume de l'emploi, debout, tient un coq d'une main ; le second, — vêtu d'une courte blouse de velours noir à laquelle se rattachent de longues manches à crevés en satin feuille morte, d'un pantalon mi-parti noir & gris, coiffé d'une petite toque ronde, — courbé en deux, les mains appuyées sur le sol, excite deux coqs l'un contre l'autre. La lutte est furieuse & promet aux assistants de pathétiques émotions. Une passion vraiment héroïque anime les combattants. Celui-ci, d'un blanc superbe, de forte taille, ramassé sur lui-même, s'enlève d'un élan calculé pour retomber comme une griffe sur son adversaire. Plus petit, ce dernier n'en est pas moins vaillant : il s'avance d'un pas terrible, toutes plumes hérissées, l'aile basse, la crête haute, au-devant du choc prévu & contre lequel il tient en réserve quelque fière riposte. Les deux grands drôles prennent un plaisir extrême au combat. Mais il a aussi d'autres témoins, une rangée de coqs de réserve, animés d'une égale furie, qui, le cou tendu à travers les barreaux de la cage ouverte sur la salle même, suivent d'un œil dilaté par la passion du sang toutes les péripéties de ce duel émouvant. Quant au lieu du combat, il est magnifiquement décoré de tapisseries de haute lisse, & les longues banquettes également recouvertes de tapisserie, appuyées aux parois de la salle, semblent attendre des spectateurs plus nombreux.

L'œuvre est curieuse, d'une piquante fantaisie, d'une richesse & d'une harmonie de coloration très-cherchée & trouvée. La composition est-elle absolument sans défaut? N'y aurait-il rien à reprendre dans les combinaisons des lignes présentées par la figure du page? Je ne veux point le voir. Et qu'importe! Nous ne faisons pas ici métier de critique, nous nous abandonnons naïvement aux séductions de ce charmant tableau qui, j'ai hâte de le dire, révèle d'incontestables progrès accomplis, même depuis le dernier Salon, par M. Roybet.

Une eau-forte représentant des *Saltimbanques en voyage,* publiée il y a quatre ou cinq ans par la Société des Aqua-fortistes, signala pour la première fois le nom de M. Ferdinand Roybet à l'attention des amateurs. C'était peu de chose encore; mais dans ce petit motif, traité d'une pointe rapide & avec une spirituelle entente du geste, il y avait des vigueurs & des harmonies de ton qui révélaient le peintre coloriste. L'année suivante l'artiste exposait un *Intérieur de cuisine* qui, malgré de sérieuses qualités de même ordre, rappelait un peu trop la facture de M. Vollon. Un an plus tard le jeune peintre, que nous avions vu jusque-là si hésitant, si timide encore, envoyait au palais des Champs-Élysées (1866) son *Fou de cour sous Henri III* qui, du jour au lendemain, rendit célèbre l'inconnu de la veille. Le succès fut grand; il était mérité. Ce qu'il y avait d'original dans la conception & dans la beauté de la coloration sauvait l'aspect de cette toile, sourd, voilé & en quelque sorte alourdi par les *noirs* d'une palette amie. *Le Duo* (1867) & *les Joueurs de Trictrac* (1868) montrèrent l'artiste en quête des maîtres du passé & guidé par eux vers de nouvelles recherches : le don de la couleur, personne ne songeait à le lui contester; il avait à s'inquiéter d'un dessin plus raffiné, plus détaillé, plus rare. Le tableau des *Joueurs de Trictrac* était à ce point de vue très-supérieur aux précédents. M. Roybet ne s'est pas arrêté à ce progrès, il a voulu se dégager complétement enfin des noirs qui chargent la palette d'un peintre qu'il a beaucoup étudié. Aujourd'hui, après avoir vu le *Combat de Coqs,* on peut affirmer que M. Roybet est à jamais affranchi de l'influence de M. Ribot en ses parties dangereuses. Sa dernière œuvre est d'une coloration puissante, éclatante; les tons s'y groupent & s'y harmonisent dans toute leur pureté. Le résultat de tant d'efforts successifs est excellent & fait honneur dans son allure d'ingénieuse fantaisie à la persévérante volonté de M. Roybet.

ERNEST CHESNEAU.

LA FILLE DE CHARLES IER

D'APRÈS

ANTOINE VAN DYCK

(MUSÉE DE BERLIN)

AN DYCK est le peintre de l'aristocratie anglaise, comme Titien est le peintre de l'aristocratie vénitienne. Si les femmes en Angleterre n'ont pas la tournure puissante des italiennes & leur grand style, elles ont le teint d'une incomparable fraîcheur, une peau blanche & polie comme de l'ivoire, des yeux bleus ombragés de longs cils, des cheveux blonds ou cendrés qui se marient admirablement avec la carnation laiteuse de leurs épaules, & une distinction de manières qui trahit malgré tout un mélange de tendresse & de fierté. L'Angleterre est le pays des beaux enfants frais & rosés & des jeunes filles à la physionomie rêveuse, dont le long regard voilé semble toujours cacher quelque mystère du cœur. Les portraits de Van Dyck sont des romans de mœurs en même temps que des pages historiques.

Van Dyck, dont les manières élégantes cadraient si bien avec la société aristocratique qu'il fréquentait, ne pouvait manquer de plaire par sa personne autant que par son talent. Les plus grands personnages de la cour, les dames les plus belles & les plus illustres tenaient à honneur d'avoir été peints par lui. Mais, dans cette série de portraits répandus aujourd'hui dans les galeries publiques de l'Europe & dans les collections privées de l'Angleterre, ceux qui se rattachent à la famille du malheureux Charles Ier offrent surtout un intérêt tout particulier, parce qu'ils joignent à leur qualité de chefs-d'œuvre de l'art celle d'un souvenir historique & touchant. Le roi Charles Ier avait pour son peintre une affection réelle. Il le nomma chevalier, lui donna une forte pension, & lui assigna un appartement pour l'hiver & une résidence champêtre pour l'été. Le roi allait souvent visiter Van Dyck pour le voir travailler & oublier dans sa conversation les graves soucis de la politique. Malgré la déplorable situation des affaires au moment où Van-Dyck mourut, il avait promis à son médecin 300 livres, s'il parvenait à guérir son peintre.

Van Dyck avait assisté au déclin du pouvoir royal, & s'il n'a pas vu la catastrophe finale, il a pu la prévoir. Il était encore vivant quand lord Strafford porta sa tête sur l'échafaud, quand la reine Henriette chercha un refuge en France, quand le roi enfin était en fuite & tous ses partisans dispersés. Tous ces grands personnages naguère si puissants étaient venus au temps de leur splendeur poser dans son atelier. Il avait, entre autres, fait plusieurs fois le portrait des membres de la famille royale : c'est un de ces portraits, celui de la fille même de Charles Ier, que le *Musée universel* offre aujourd'hui à ses lecteurs.

La princesse Marie, qui devait plus tard épouser Guillaume de Nassau, prince d'Orange, est représentée ici dans une attitude à peu près analogue à celle qu'elle a dans le petit tableau des *Enfants de Charles Ier* au Louvre, où on la voit en compagnie de ses frères, le prince de Galles & le duc d'York. Cette petite toile du Louvre n'est au reste que la reproduction d'un tableau plus grand qu'on voit dans la galerie royale d'Angleterre. Van Dyck a fait un grand nombre de fois le portrait de cette princesse. On la retrouve avec ses deux frères sur les genoux de sa mère dans plusieurs tableaux sélèbres. Ce beau portrait fait partie du musée de Berlin : on peut voir, dans cette figure debout & dépourvue d'accessoires, tout ce que l'art peut tirer du motif le plus cimple. Ce chef-d'œuvre se recommande autant par la finesse du modelé que par la richesse & l'harmonie des teintes. Il y a dans le mouvement des mains, dans les cheveux, dans l'indication des plis de la robe, une élégance, une délicatesse bien ignes du peintre aux habitudes aristocratiques, qui vivait avec l'opulence d'un grand seigneur, & avait des musiciens à gages pour égayer son modèle pendant qu'il traçait son portrait.

RENÉ MENARD.

LE
BANQUET DE LA GARDE CIVIQUE

D'APRÈS

VAN DER HELST

(MUSÉE D'AMSTERDAM)

ORSQUE les bourgeois & les marchands d'Amsterdam apprirent, au printemps de 1648, que les représentants des Provinces-Unies venaient de signer avec les plénipotentiaires du roi d'Espagne le traité particulier qui précéda de quelques mois la paix de Munster, ils se hâtèrent d'organiser des fêtes superbes, & toutes les corporations voulurent exprimer la joie universelle : les officiers de la Garde civique se réunirent le 18 juin dans la grande salle du *doele* de Saint-Georges, &, le verre à la main, ils saluèrent, dans un banquet solennel, le retour de la paix si longtemps attendue.

Ce banquet fut pour les habitants d'Amsterdam un événement si mémorable, que Barthélemy van der Helst fut chargé d'en éterniser le souvenir dans un tableau de proportions héroïques.

Né à Haarlem en 1613 & mort à Amsterdam en 1670, van der Helst était dans toute la séve de son talent lorsqu'il peignit *le Banquet de la Garde civique.* Cette peinture est considérée en Hollande comme le chef-d'œuvre du maître. C'est, à vrai dire, une collection de portraits. On y peut reconnaître le capitaine Cornelis Jan Wits, le lieutenant J. van Waveren, le porte-enseigne J. Banning & jusqu'au tambour Willem, honnêtes figures pleines de cordialité & de franchise, bons citoyens, qui, la veille, se seraient fait tuer pour conserver les libertés de leur pays, mais qui n'en sont pas moins heureux de s'asseoir devant une table noblement servie & d'échanger un toast en l'honneur de la paix, mère du travail & protectrice des affaires.

Un peu de froideur se glisse ordinairement dans ces grands tableaux d'apparat où chaque figure pose comme un portrait; mais van der Helst a donné à ses personnages des attitudes si vraies & des allures si naturelles, qu'on ne sent dans son œuvre aucune contrainte. Sans doute, l'intérêt y est un peu disséminé ; la scène cependant se compose bien, les têtes sont lumineuses & vivantes ; les accessoires sont peints à ravir.

Van der Helst était essentiellement portraitiste. Amoureux de la vérité & curieux de tout dire, il ne s'est pas contenté de saisir sur le vif la physionomie de ses personnages ; il a peint d'après nature les moindres objets qui décorent la table du banquet. Si le spectateur veut bien y regarder de près, il remarquera que le capitaine Wits tient à la main une magnifique corne à boire (*drinkhoorn*) ornée d'un saint Georges combattant le dragon. Cette pièce, précieuse pour l'histoire de l'orfèvrerie en Hollande, existe encore ; elle appartient à l'hôtel de ville d'Amsterdam, & plus d'un de nos lecteurs la reconnaîtra pour l'avoir vue à l'Exposition universelle de 1867 dans les salles de « l'Histoire du travail. » Heureux les peuples qui ont su, comme les Hollandais, conserver leurs trésors d'art & les souvenirs de leur passé !

Le Banquet de la Garde civique a longtemps été placé dans le *doele* des arquebusiers de Saint-Georges. Au dix-huitième siècle, il ornait la salle du Conseil de guerre à l'hôtel de ville. Aujourd'hui, il appartient au musée d'Amsterdam. Il porte une magnifique signature : *Bartholomeus van der Helst fecit A° 1648.*

Ce tableau a eu la bonne fortune de plaire à un connaisseur difficile, Joshua Reynolds. Dans son *Voyage en Flandre & en Hollande* (1781), le peintre anglais déclare que *le Banquet de la Garde civique* est peut-être le premier « tableau à portraits » qui soit au monde. » Parole gracieuse, mais bien faite pour étonner le visiteur qui, dans le même musée, à deux pas du tableau de van der Helst, peut admirer la merveille des merveilles, *les Syndics des marchands drapiers*, de Rembrandt. Entre ces deux œuvres, il y a un abîme. Certes, van der Helst est un peintre habile & sincère ; mais, placé devant la réalité, il se borne à la traduire en prose : Rembrandt la transfigure, & il jette à pleines mains sur les choses les plus humbles l'or pur d'une lumière magique, le rayon mystérieux d'une poésie extra-humaine.

PAUL MANTZ.

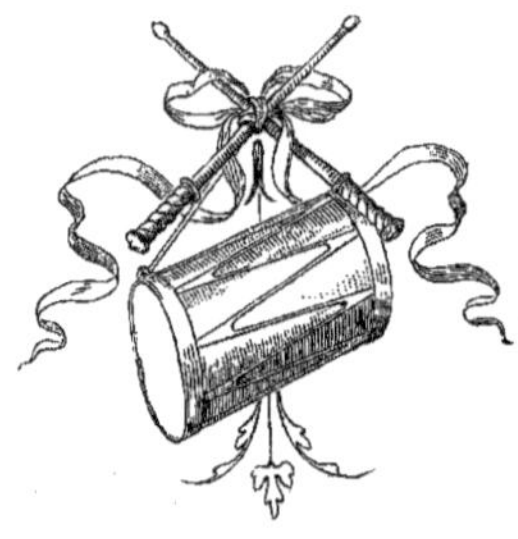

LA TABLE

D'APRÈS

HENRY LEYS

EAU-FORTE PAR M. BRACQUEMOND

ORSQUE nous avons expliqué, dans le premier volume du *Musée universel*, la disposition des fresques qui ornent la salle à manger de la maison de M. Leys, à Anvers, nous avons cité *la Table :* elle forme le dernier épisode. Aujourd'hui, grâce à la pointe colorée de M. Bracquemond, nous n'avons plus à la décrire. La voici dans son effet robuste, dans sa somptuosité flamande, pliant sous les plats, les coupes, les vidrecomes en lourde orfévrerie de Nuremberg. Il n'y manque que ces beaux tons archaïques & réels dont M. H. Leys a le secret.

Mais M. Bracquemond mérite bien que nous nous arrêtions à son œuvre. Doué pour l'eau-forte de facultés supérieures, il est un des artistes qui ont de nos jours le plus vaillamment travaillé à la renaissance de cet art. Outre les qualités de simplicité & d'effet qu'il y apporte, il est reconnu des plus habiles dans une partie des plus importantes du métier, je veux dire la « *morsure.* » Soit par la façon dont il attaque tout d'abord avec sa pointe la planche de cuivre enduite de vernis brun, soit par le tact avec lequel il sait juger de la profondeur du sillon que l'acide creuse, soit par la hardiesse avec laquelle il soumet à de nouvelles atteintes les portions de son œuvre qu'il veut avoir plus énergiques, il obtient des traits d'une franchise, des noirs d'un velouté, des demi-teintes d'une harmonie qui conquièrent à ses eaux-fortes, dans les cartons des amateurs les plus rebelles à l'art contemporain, une place tout à fait à part.

Voilà pour l'aqua-fortiste. Le dessinateur & le peintre ne sont pas moins intéressants.

Les artistes n'ont point oublié les deux grands dessins, discrètement colorés & rehaussés d'or à la façon de colossales pages de manuscrits, que Bracquemond, — bien jeune alors (il est né à Paris en 1833), — envoya aux Salons de 1852 & de 1853.

C'était le portrait de sa grand'mère, vénérable aïeule environnée de ses petits-enfants, & le sien propre, debout devant une presse à épreuves, tenant à la main une bouteille à demi pleine d'acide. Bracquemond procédait de l'école d'Ingres par son professeur M. Joseph Guichard.

Bracquemond s'adonna tout à l'eau-forte.

Il publia successivement *le Battant de porte*, des oiseaux de proie lamentablement cloués par les ailes aux ais d'une entrée de grange ; *les Sarcelles*, qui s'ébattent tranquillement parmi les iris & les nénufars d'un étang solitaire ; *Margot la critique*, une pie jacassant à plein bec sur le globe du monde ; *le Taupier*, étude de taupes, vêtues de velours noir, qui pendent, nouées par la patte, à une branche de peuplier. Puis il fit un superbe portrait de *Théophile Gautier* & plusieurs scènes du *Pantagruel*. La chalcographie du Louvre lui commanda deux eaux-fortes, l'une d'après cette violente esquisse de Rubens que l'on nomme *le Tournoi*, l'autre d'après le portrait d'*Érasme* par Holbein, qui est dans le Salon carré. Par un hasard assez fréquent chez les jurys, ces deux eaux-fortes ne furent point acceptées & figurèrent au salon des Refusés. Bracquemond a toujours tenu à ébruiter cette mésaventure dont d'autres auraient niaisement rougi. Il a raison : son *Érasme* n'est pas seulement une eau-forte d'une souplesse, d'une force de ton, d'une sobriété d'outil admirables ; par l'intuition du style du maître, on pourrait bien plutôt croire ce portrait gravé sous les yeux mêmes d'Holbein que par un de nos contemporains.

Les eaux-fortes originales de Bracquemond, ainsi que celles de Méryon & de Legros, pendant longues années ne sortirent guère d'un petit cercle d'amateurs. Les Anglais se sont engoués des belles épreuves & les ont rendues rarissimes. Pendant ces temps, qui furent durs, notre artiste reproduisait, pour vivre, les œuvres d'autres peintres. Ses paysages d'après Corot sont restés célèbres. Nous n'avons pas besoin de rappeler ici sa *Promenade vénitienne*, d'après une brillante aquarelle de Bonington ; c'est une de ses pièces récentes les mieux réussies.

M. Bracquemond, abordant la peinture à l'huile, a exposé aux Salons de 1866 et 1867 le portrait de Mme Paul Meurice, puis celui de M. Auguste Vacquerie. Ces œuvres sont d'une coloration robuste, d'une tournure pleine de distinction ; elles lui ont valu une première médaille.

A l'Exposition universelle de 1867, M. Bracquemond réalisa l'application tout à fait ingénieuse, en céramique, d'un mode de décor nouveau. C'est le moyen d'orner des services de faïence fine à l'aide d'eaux-fortes que l'on applique sur la pâte, fraîche encore, & qu'ensuite on colorie au pinceau. M. Bracquemond, pour ce décor dont les dispositions peuvent être variées à l'infini, s'est approprié avec autant de verve que de tact l'esprit du dessin & des colorations de ces vifs croquis de plantes, de fleurs & d'oiseaux des Albums japonais.

PH. BURTY.

LE BON PASTEUR

D'APRÈS

EDUARDO ZAMACOÏS

(COLLECTION DE M. JOHNSTON)

OUS la vive action de l'École française, toutes les nations latines ont appris de nouveau l'art de peindre; leurs artistes maintenant connaissent chacune des manœuvres, des ressources & des habiletés du métier : c'est désormais un fait accompli. Aux premiers rangs de ces peuples jadis glorieux qui, après des siècles d'obscurité, ont remis en lumière & en honneur cet art si vite oublié, l'Espagne a pris une des plus belles places. Nous connaissions depuis longtemps en France le nom de M. Madrazo; l'Exposition universelle de 1867 nous a appris ceux de MM. Rosalès, Palmaroli, Manzano, Gessa, Domingo y Marquez; en même temps elle nous permettait de revoir les œuvres de MM. Antonio Gisbert & Ruyperez, qui étaient des familiers de nos expositions annuelles antérieurement à cette date. Date heureuse pour l'École espagnole à Paris! car, en cette même année 1867, M. Eduardo Zamacoïs obtenait une médaille pour le tableau qu'il avait envoyé au palais des Champs-Élysées. C'était dès lors un nouveau nom à placer dans notre mémoire auprès de ceux que nous venons de rappeler.

Ce tableau représentait une assemblée de *Bouffons au* XVIe *siècle*. En 1868, M. Zamacoïs exposait un bouffon encore, le *Favori du roi*, & le *Réfectoire des Trinitaires à Rome*. En 1869, renonçant à nous montrer les membres tordus, les costumes éclatants, les faces grimaçantes de ses fous de cour, le jeune artiste poursuit le cours de ses études satiriques sur la vie monastique à Rome, en exposant la *Rentrée au couvent* & le tableau que nous reproduisons ici : *Le Bon Pasteur*.

Le choix des motifs auxquels s'arrête de préférence M. Zamacoïs & la façon dont il les traite révèlent une tendance invétérée à voir les choses par leur aspect comique.

M. Zamacoïs a l'air d'hésiter encore entre la satire à outrance & la satire contenue, entre celle qui dit tout & celle qui laisse tout deviner, entre le rire & le sourire. Dans *le Bon Pasteur*, il s'est maintenu, n'a pas excédé le sourire, & l'œuvre nous paraît ainsi infiniment supérieure.

Il nous faut louer très-sincèrement le vif sentiment pittoresque de M. Zamacoïs, son entente de la composition, sa connaissance profonde de la physionomie, qu'il sait rendre « parlante », comme en ce petit tableau où, sous ce titre : *Le Bon Pasteur*, il a mis en présence deux types monastiques réjouissants par leur contraste : l'un, celui du confesseur maigre, dur, bourru, que les pénitents évitent avec terreur ; l'autre, celui du confesseur gras & réjoui, le teint fleuri, l'œil petit & vif, à la vaste poitrine soufflant à l'aise sous l'ample flanelle, facile d'ailleurs, indulgent aux peccadilles, & retenant autour de son tribunal une foule sans cesse renouvelée de fidèles qui emportent l'absolution avec la trace que laisse à leur vêtement la longue baguette du bon père.

M. Zamacoïs est élève de M. Meissonier

ERNEST CHESNEAU.

L'ÉCOLIER

PAR

THOMAS COUTURE

(COLLECTION DE M. DE LASSALLE)

N peut satisfaire les rois, on peut combler les désirs d'une femme, mais on ne contente jamais un peintre moderne. »

Qui a porté ce jugement, cette condamnation du caractère de nos artistes? — Un homme qui doit les connaître & qui les connaît bien, qui a réalisé le précepte de la sagesse antique, γνῶθι σεαυτόν, un artiste lui-même, un peintre éminent, M. Thomas Couture, dont nous reproduisons ici une œuvre peu connue.

L'œuvre est peu connue, comme la plupart des tableaux peints par M. Couture depuis 1855. Par système & de parti pris, en effet, l'auteur acclamé des *Romains de la décadence* se tient à l'écart des expositions. Il a dit pourquoi dans un livre curieux, qui n'a pas été assez répandu, où il a dit bien d'autres choses encore, un livre plein de boutades, de violences, de jugements énergiques, souvent injustes, mais précieux par leur sincérité. La critique, maltraitée avec une singulière passion par la main de celui qui a écrit *Méthode & Entretiens d'atelier*, ne tiendra pas rigueur à cette même main qui a signé tant de toiles excellentes.

M. Couture est élève de Gros, le peintre illustre qui nous a laissé trois des plus belles pages de l'art français : *Eylau, Aboukir* & *Jaffa*. Ses biographies le font élève aussi de Paul Delaroche. A l'amour des grandes formes qu'il doit à Gros, à la science de composition qu'il devrait à Paul Delaroche, M. Couture, passé maître à son tour, a joint ses qualités personnelles : un sens critique particulièrement aiguisé, une entente profonde du geste expressif & de la physionomie, une pénétration rapide & sûre des aspects pittoresques de la vie moderne, & par-dessus tout une pratique savante en ses procédés expéditifs, & une puissance de coloration exceptionnelle.

Né à Senlis en 1815, à vingt-deux ans il obtenait un second prix au concours du prix de Rome. Renonçant aux luttes de l'école des Beaux-Arts, « fatigué de ses revers académiques, il quitta décidément les concours pour se livrer sans réserve à ses instincts. » Ses instincts lui firent achever de 1840 à 1847 une suite d'œuvres qui furent toutes remarquées, & notamment l'*Amour de l'or* (Salon de 1844), qui date vraiment l'aurore d'une réputation qui devait arriver à son plein éclat en 1847, par la belle peinture des *Romains de la décadence,* une des grandes œuvres que l'École moderne léguera à l'admiration de la postérité.

Que se passa-t-il alors dans l'esprit du peintre? Quatre ans s'écoulent sans qu'il envoie rien aux Salons annuels, & quand il reparaît, en 1852, il déconcerte un peu le groupe nombreux de ceux qui attendaient de lui un développement constant dans la belle & large voie où il était entré en maître; il exposait alors deux portraits & une tête d'étude. En 1855, nous revoyons les *Romains de la décadence* & un chef-d'œuvre, le *Fauconnier*. C'est la dernière exposition du peintre.

Ses œuvres postérieures, il faut les chercher dans les galeries de quelques amateurs, hommes d'un goût sûr, qui savent choisir, & qui conservent précieusement des tableaux, des dessins des genres les plus variés : scènes d'atelier, physionomies de juges, sujets parisiens, allégories ironiques sur les mœurs du temps présent, & quelques grandes & belles toiles où se retrouve dans toute sa puissance le ferme talent de M. Couture. Dans l'intervalle il a peint la décoration de la chapelle de la Vierge à Saint-Eustache, dessiné de nombreux portraits : ceux de Béranger & de Mme Sand sont des plus célèbres.

L'*Écolier* appartient à la suite des sujets modernes. Combien de rêveries les livres d'études n'ont-ils pas abritées, provoquées! Que de voyages au pays des chimères, que d'excursions dans le domaine de l'imagination n'ont eu d'autre mobile que l'ennui des devoirs à faire, des leçons à étudier à cet âge de la jeunesse écolière! Les bulles de savon, que le peintre nous montre grossissantes & colorées au souffle de l'enfant, ne sont rien autre chose que ces songeries délicieuses où notre vagabonde intelligence s'égarait alors, comme le fait aujourd'hui celle de nos chers petits.

A ces jeux charmants de son talent, si justement appréciés des amateurs égoïstes, l'artiste occupe le temps qu'il eût pu consacrer à ces grandes toiles que nous attendions de lui : le *Retour des troupes de Crimée*, le *Baptême du prince impérial*, l'*Enrôlement des volontaires,* qui pouvaient être, qui eussent été assurément plus que des œuvres d'un mérite éclatant : je veux dire l'affranchissement définitif de la peinture contemporaine & son avénement incontesté, triomphant, dans l'expression de la vie moderne.

Il est toujours temps!

ERNEST CHESNEAU.

LE CHEVAL QUI BOIT

D'APRÈS

E. MEISSONIER

(COLLECTION DE M. VERDIER)

'EST surtout après être demeuré quelque peu en compagnie de M. Meissonier & avoir échangé avec lui quelques pensées, que l'on pénètre toute la franchise & l'énergie de sa peinture.

M. Meissonier est un homme de cinquante-cinq ans, actif, travailleur, aimant les exercices du corps, le cheval surtout. Il est de petite taille, mais cambré des reins & large des épaules. Dans un visage sanguin, les yeux, noirs & bien fendus, jettent un éclat extraordinaire. La barbe, à demi grisonnante, est taillée court, ainsi que les cheveux. La voix, rauque & bruyante, rappelle celle de l'officier qui commande. Ce qui domine & intéresse, c'est une physionomie exprimant avec une extrême franchise toutes les sensations perçues, c'est la pénétration du regard & la netteté du geste.

M. Meissonier, né à Lyon en 1813, fut élevé à Paris & quitta, à quinze ans, le toit & le magasin paternels, pour se livrer à un goût impérieux pour le dessin. Les commencements furent rudes. Le premier peintre à qui il s'adressa ne l'encouragea pas. Mais les frères Johannot pressentirent en lui un vrai artiste, & l'envoyèrent frapper à l'atelier de M. Léon Cogniet. Il n'y resta que quelques mois; & c'est en étudiant librement, en compagnie de ses amis Trimolet, Geoffroy Dechaume, Steinheil, Daubigny, c'est en composant de modestes vignettes pour les éditeurs de la rue Saint-Jacques, qu'il s'assouplit la main & se forma un style personnel.

Dès 1836, M. Meissonier a envoyé aux Expositions. Il chercha quelque temps la peinture historique ou religieuse, & attaqua des figures d'apôtres. Mais le peintre Chenavard, dont le jugement est excellent, le dissuada de suivre cette voie & l'engagea à se perfectionner dans les petites scènes de genre auxquelles il imprima dès le début un caractère particulier. L'originalité des bois qu'il avait dessinés pour la *Chaumière indienne,* dans le superbe volume du *Paul & Virginie,* édité, en 1838, par M. L. Curmer fixa sur lui l'attention, &, dès ce moment, la faveur du public, d'ordinaire si mobile à l'égard des artistes, ne l'a plus abandonné. Ses bois pour les *Contes rémois* sont une suite ininterrompue de petits chefs-d'œuvre. Il a gravé quelques eaux-fortes avec une habileté supérieure.

Les compositions de M. Meissonier ont tellement joui de ce privilége de captiver la curiosité, qu'il est presque superflu d'en citer les titres. A peine rappellerons-nous ces *Amateurs dans l'atelier d'un peintre,* qui figuraient dans la collection Delessert & y furent vendus 40,000 francs; le *Jeune homme regardant des dessins;* la *Partie de boule,* le long de la verte terrasse d'un parc du XVIIIe siècle; les *Joueurs d'échecs,* si attentifs aux péripéties de la bataille; les *Bravi,* qui guettent par le trou de la serrure le galant qu'ils vont escoffier; la *Rixe,* ce morceau si violent, si animé, qui, à l'Exposition universelle de 1855, charma le prince Albert & lui fut gracieusement offert par le gouvernement français; la *Barricade,* la page la plus terrible & la plus éloquente que la peinture contemporaine ait empruntée à l'histoire de nos discordes civiles. Puis encore des *Fumeurs* échangeant des confidences, des *Peintres* attentifs à copier une académie ou un dessin à la sanguine, des *Bibliophiles* savourant la possession d'un Elzevier à grandes marges... C'est tout un monde doué d'une énergie vitale des plus vibrantes, respirant dans les milieux les plus appropriés aux caractères, aux passions des acteurs. Lorsque les scènes se passent en plein XVIIIe siècle, le décor est poussé jusqu'à l'illusion.

Depuis quelques années, le style de M. Meissonier s'est agrandi. A la suite de la campagne d'Italie, qu'il a suivie en touriste au milieu de l'état-major, il a peint des sujets militaires contemporains ou des épisodes du premier empire.

M. Meissonier est arrivé à l'Institut en 1861.

Il use aujourd'hui du paysage plus largement que par le passé. Le tableau que reproduit le *Musée universel,* un cheval fatigué qui vide avidement le seau d'eau fraîche qu'on lui tend, appartient à sa nouvelle manière. Outre les qualités, vraiment uniques, de justesse dans le dessin, d'intelligence dans la composition, de naturel dans l'action des personnages, d'attention dans le choix des accessoires, de rendu dans les parties en apparence les plus indifférentes ou généralement les plus sacrifiées, une boucle de pantalon, par exemple, les tuiles d'un toit ou la terre détrempée d'un chemin, M. Meissonier est arrivé à exprimer avec une vérité frappante l'effet aveuglant du soleil en plein air, la vibration de la lumière libre. Il déploie dans le paysage les mêmes qualités, la même science, la même perfection que dans ses intérieurs. On sent que c'est pour lui-même qu'il travaille, comme le ferait un écolier attentif.

Le spectacle de cette conscience & de cette activité toujours en éveil suffirait pour enlever toute monotonie & pour assurer un succès permanent à l'œuvre de M. Meissonier.

PH. BURTY.

EL HIASSEUB

CONTEUR ARABE

PAR

GUSTAVE-RODOLPHE BOULANGER

(COLLECTION DE M. CLAUDIUS GERENTET)

ui se souvient aujourd'hui que M. Gustave Boulanger est un ancien prix de Rome & que l'Institut le couronnait il y a juste vingt ans (en 1849) pour un tableau de concours, dont le sujet était *Ulysse reconnu par sa nourrice Euryclée?* Non pas que cet artiste, qui a si rapidement conquis & su garder la faveur des amateurs, ait jamais absolument déserté le champ de l'antiquité où il avait cueilli ses premiers lauriers; mais on peut bien dire qu'il a, depuis, singulièrement modifié le mode d'interprétation que lui avait alors légué la tradition de l'ancienne École des Beaux-Arts. Évidemment le peintre qui a tour à tour envoyé à nos expositions la *Maison du poëte tragique à Pompéi, Lucrèce, Lesbie, Hercule aux pieds d'Omphale,* & plus récemment la *Cella frigidaria,* hier encore la *Promenade sur la voie des Tombeaux à Pompéi,* est un homme sincèrement épris des formes plastiques, des galbes élégants, des belles draperies dont les scènes de la vie grecque & de la vie romaine sont le motif. Cependant on aura remarqué dans l'énumération que nous venons de donner des principaux ouvrages de M. Boulanger dans cet ordre, le parti pris à peu près absolu d'éviter les sujets héroïques, fabuleux ou historiques. Il a voulu se cantonner plus étroitement (si je puis me servir d'un terme précis usité dans les études d'architecture) dans la *restauration* de la vie réelle & des mœurs antiques. Apportant à cette interprétation nouvelle le fonds de science positive qu'il devait à son séjour aux écoles de Paris & de Rome; doué, en outre, d'une ingénieuse fantaisie, d'un esprit vif, alerte, un peu ironique, avec le sens de la mesure; hardi en ses conceptions, sévère pour lui-même jusqu'à la minutie dans la pratique de son art, il devait nécessairement réveiller par ce mélange imprévu de qualités originales le goût public bien blasé sur l'héroïsme grec & romain en peinture.

A côté de ce filon riche en rencontres heureuses, M. Boulanger a réussi à en creuser un autre dans cette mine de l'art dont la fécondité est inépuisable. Il a réussi à se placer aux premiers rangs de nos orientalistes. On n'a pas oublié les *Pâtres arabes* de 1857, la *Déroute* de 1863, cette descente vertigineuse, les *Cavaliers sahariens* de 1864, ni ce *Conteur arabe* du dernier Salon & que nous reproduisons ici. A l'ombre d'un bois de lauriers & de palmiers, dans un paysage du Paradis terrestre, à l'entrée de la tente, les chefs de la tribu se sont groupés autour de l'enchanteur, de ce saint Jean Bouche d'Or du Sahara : suspendus à ses lèvres, ils écoutent dans une rêveuse immobilité les récits merveilleux où l'imagination arabe, si riche mais simple en son avidité, retrouve à point nommé les mêmes émotions à la centième audition qu'à la première. Dans le fond, des retardataires approchent, de ce pas grave & mesuré qui est le privilége de cette noble race arabe. Outre la savante disposition de la mise en scène, le jeu expressif des physionomies, le caractère élyséen du paysage, toutes qualités que la gravure peut traduire avec fidélité, il y a dans cet excellent tableau une puissance de séduction particulière résultant de l'intensité des colorations qui par malheur échappe aux procédés de la pointe & du burin. Le costume du chef couché à plat ventre au premier plan sur un bout de draperie est notamment d'une énergie de coloration extraordinaire dans ses harmonies de rouge violent & de blanc éblouissant.

M. Gustave Boulanger est aujourd'hui absolument maître de ses procédés. Jamais il n'a eu plus de talent & d'esprit dans la double voie qu'il parcourt avec tant de verve & de succès.

ERNEST CHESNEAU.

UN VIEUX MANOIR ANGLAIS

EAU-FORTE

PAR

GEORGE HOWARD

Ce vieux manoir, à la mine mélancolique & résignée, est tout ce qui subsiste d'un château, jadis habité par la puissante famille des Aldesley & entièrement détruit au commencement de ce siècle par un incendie.

Il est situé dans le Cheshire, un des comtés les plus verdoyants de la verte Angleterre. Ce comté divisé, contre l'usage, en un grand nombre de petites fermes, a résisté jusqu'à présent aux méthodes scientifiques de l'agriculture moderne, & ses habitants ont conservé dans leurs mœurs, leur langage & leur allure le caractère typique de la vieille race anglaise. Une humidité presque permanente donne à ses prairies, à ses bouquets de bois l'intensité d'une émeraude.

L'imagination placerait volontiers dans cette maison en briques rouges, dont les pignons, contemporains de la grande Élisabeth, se reflètent dans l'eau tranquille, quelque philosophe revenu des ambitions, guéri des peines de la vie, tout à ses livres & à ses souvenirs, à ses chiens de chasse & à ses réflexions. Les romanciers modernes excellent dans la description de ces retraites, muettes & un peu sauvages, qui semblent s'être moulées sur le type de celui qui les a choisies.

Cette fois, il n'y a rien de tel. L'antique manoir, construit pour la vie joyeuse & large des dernières années du XVIe siècle, sert aujourd'hui de grange. C'est un rustique tenancier qui, dans la vaste & unique salle qui ait survécu, assis au coin de l'âtre, caressé par des babys aux joues roses, se repose des travaux du jour.

M. George Howard, le gendre de lord Stanley of Aldesley & le futur héritier de ce grand titre, — a dessiné & gravé ce paysage à ce moment de l'année où les arbres dépouillés de feuilles, les eaux engourdies, les vapeurs flottantes ajoutent aux choses du passé un caractère plus pénétrant encore. La nature semble se prêter à leur tristesse aristocratique & sereine & en résumer la note mystérieuse & froide.

M. George Howard est élève de notre compatriote Alphonse Legros, qui s'est établi à Londres depuis quelques années & y a conquis une véritable autorité. Il a reproduit à l'eau-forte plusieurs de ses compositions ; entre autres, un paysage d'un très-grand style.

Il voit juste. Il dessine avec application, ce qui, dans l'école anglaise assez naturellement portée au maniérisme, est une bonne note d'avenir. Il peint avec goût ; j'ai vu dans son atelier, à Londres, des ébauches qui promettaient un bon résultat. Il grave avec une naïveté & un charme que des artistes réputés habiles pourront lui envier. Cette vue du *Manoir d'Aldesley* est une de ses œuvres les mieux réussies. Son talent s'était déjà révélé en France, dans le livre *Sonnets & Eaux-fortes*, dans un paysage remarquable par l'originalité du motif choisi & par la délicatesse émue de l'ensemble. C'est tout simplement un bouquet de bois battu & courbé par une pluie d'orage.

M. George Howard est mieux qu'un amateur laborieux, il est un artiste.

PH. BURTY.

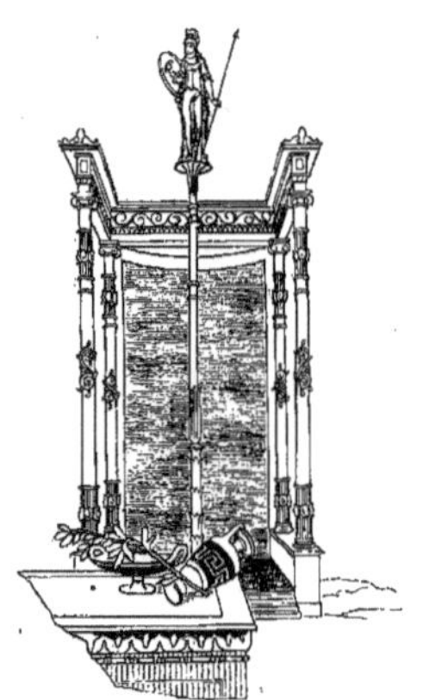

LE PHILOSOPHE EN MÉDITATION

D'APRÈS

REMBRANDT

(MUSÉE DU LOUVRE)

ANS la seconde édition de son livre, publiée en 1641, le bourgmestre Orlers raconte que Rembrandt van Ryn est né à Leyde le 15 juillet 1606. Cette date a été contestée; mais comme, en sa qualité de magistrat municipal, l'auteur de la *Description de la ville de Leyde* a eu sous les yeux les documents les plus authentiques, il nous paraît sage, à défaut de preuves contraires, de nous en rapporter à son dire. Envoyé aux écoles pour apprendre le latin, Rembrandt y réussit fort peu. Toutes ses ambitions se tournaient du côté de la peinture, & après avoir travaillé sous trois maîtres plus ou moins obscurs, Jacob van Swanenburg, Pierre Lastman & Pinas, il devint le grand artiste que vous savez.

Dès 1627 Rembrandt était peintre, en 1628 il gravait ses premières eaux-fortes; deux ans après il était fixé à Amsterdam, qu'il ne quitta plus, & bientôt il étonna la Hollande par une production incessante, multipliant les chefs-d'œuvre, se modifiant sans cesse sans compromettre la grande unité de sa pensée, & exprimant dans un langage d'une originalité saisissante les plus mystérieuses émotions de l'âme humaine. Merveilleux graveur & merveilleux peintre, Rembrandt eut la puissance & la tendresse, la profondeur & le charme, &, malgré certaines singularités de dessin que Florence ne lui eût pas permises, il a été si vrai par le geste & par la mimique, il a eu à un si haut degré le bonheur de l'invention, il parle au cœur avec une éloquence si persuasive, que toute velléité de critique s'arrête vaincue devant les admirables créations de son génie.

Il est douloureux d'avoir à dire que la misère attrista les dernières années de la vie de ce grand homme. En 1656, d'impitoyables créanciers firent saisir les œuvres d'art & les curiosités qu'il avait patiemment réunies. Retiré dans une humble maison au Roosgracht, il mourut presque oublié. Le 8 octobre 1669, le corps de Rembrandt fut porté à la Westerkerk : son enterrement fut celui des pauvres.

Nous n'avons voulu retracer ici que les lignes principales de cette vie glorieuse, qui, pour être noblement racontée, exigerait tout un volume. Mais bien des occasions seront offertes à nos amis de revenir dans le *Musée universel* sur Rembrandt & sur ses œuvres. L'important était de présenter dès aujourd'hui à nos lecteurs le puissant artiste à qui est dû *le Philosophe en méditation*.

Cette peinture, qui, après avoir figuré au dix-huitième siècle dans plusieurs collections fameuses, appartient maintenant au musée du Louvre, est signée : *R. van Ryn. 1633*. A cette époque Rembrandt n'avait encore fait qu'un petit nombre de tableaux, mais il était déjà un très-grand maître : à la nouveauté du procédé il ajoutait celle du sentiment, il faisait dire à la peinture des choses jusque-là inexprimées. Un philosophe est assis près d'une étroite fenêtre dans une salle voûtée qu'emplit presque complétement l'ombre propice au rêve. Un in-folio est ouvert devant lui, mais le vieillard a cessé de lire, & tout entier à la recherche de l'inconnu, il a joint les mains comme si sa méditation allait s'achever en prière. De ce qui se passe autour de lui il ne sait rien : il ne voit pas la ménagère active qui, à l'autre extrémité de la salle, attise le feu & s'occupe des soins de la maison. Rembrandt a-t-il voulu marquer le contraste & exprimer les deux côtés de la vie? On doit le croire; car de pareils artistes ne font rien qu'à bon escient, & l'œuvre du peintre hollandais est toujours pleine de pensée.

Ici le moyen d'expression est particulièrement emprunté aux mystérieuses ressources du clair-obscur. Tout ce qui appartient au monde vulgaire est enveloppé d'une ombre transparente; mais la figure du philosophe est éclairée par un doux rayon de soleil : il fait jour sur son front comme dans son âme. Nul n'a compris aussi bien que Rembrandt que la lumière est une poésie.

PAUL MANTZ.

HALTE DE BOHÉMIENS

D'APRÈS UN DESSIN

DE WOUWERMANS

(COLLECTION DE M. ÉMILE GALICHON)

Les artistes des Pays-Bays sont avant tout peintres de mœurs. Dans l'histoire littéraire de l'Europe, la Hollande tient une bien petite place ; dans les arts, elle n'a ni architectes, ni sculpteurs, mais les peintres suppléent à tout. Chacun d'eux a une physionomie spéciale, &, observateurs fidèles de la nature, ils en traduisent tous un côté différent. Les uns aiment, le long des grèves silencieuses ou des interminables canaux, suivre d'un œil pensif les voiles qui disparaissent à l'horizon ; d'autres s'en vont dans la prairie, rêver au milieu des troupeaux ; d'autres, épris du ménage & de la vie intime, regardent leur fille qui se met au piano, leur servante qui apporte le thé, & font des chefs-d'œuvre sans sortir de chez eux. Il en est qui aiment le bruit joyeux, le tapage des kermesses, il y en a pour qui l'air enfumé d'une tabagie est un perpétuel sujet d'observation.

Wouwermans est comme les autres un fidèle traducteur de ce qu'il voit, mais il n'a rien vu de tout cela. C'est le peintre des chasses, des campements, des cavalcades, des haltes sur la lisière d'un bois, des aimables châtelaines montées sur un cheval blanc, des fiers gentilshommes qui galopent devant la porte d'une hôtellerie, des écuyers qui, dans une large écurie, tiennent de galants propos avec la fille d'auberge. Le cheval est son domaine, & il n'y a peut-être pas un tableau dans toute son œuvre où l'on ne trouve son animal favori. Il en possède intimement l'anatomie, le caractère, les allures, le harnachement ; car le cheval pour lui est inséparable du cavalier. L'un comme l'autre ont toujours dans la tournure une certaine fierté, une élégance un peu tapageuse, bien conforme avec les sujets habituels à l'artiste. Wouwermans aime les belles dames qui chevauchent le fouet en main, ou suivent la chasse dans les carrosses, les pages & les valets de limier, les gentilshommes au feutre emplumé & à la fine collerette, & pourtant il lui arrive quelquefois aussi de mettre en scène des gueux, des pauvres, des bohémiens; mais leurs haillons ne sont pas ceux de la misère humble & souffrante. Insouciants du lendemain, ils portent fièrement leurs guenilles, & ne troqueraient pas leur indépendance pour une vie calme & réglée.

Philippe Wouwermans naquit à Harlem en 1620. Il étudia sous le paysagiste Wynants, & pour les figures & surtout les animaux, il prit pour modèle Pierre van Laer, surnommé Bamboche. Ses premiers tableaux, qui se reconnaissent à un ton brun & un dessin anguleux, se ressentent de cette influence, & ce n'est que plus tard qu'il adopta cette gamme claire & argentine, qui donne à sa peinture un charme particulier. Wouwermans possédait une qualité qui, au point de vue des intérêts matériels, devient quelquefois un défaut : il était d'une extrême modestie & laissait aux marchands le soin d'estimer ses œuvres. Aussi ses tableaux, qui atteignent aujourd'hui des prix énormes, suffisaient à peine à lui procurer le nécessaire. Un jour cependant que Bamboche avait fait un tableau dont il voulait un prix exorbitant, un marchand de Harlem, nommé de Witte, s'avisa de demander le même sujet à Wouwermans, qui le traita avec une incontestable supériorité. Sa réputation date de ce moment, mais il n'en jouit pas longtemps, car il mourut à quarante-huit ans (1668).

On a raconté que Wouwermans, se sentant près de mourir, avait jeté au feu tout ce qu'il avait de dessins & de croquis. Les biographes du maître ont donné de ce fait diverses explications, dont aucune n'est satisfaisante. Les uns ont dit qu'il avait voulu priver son fils de ces précieuses ressources, pour l'obliger à étudier la nature par lui-même; d'autres ont prétendu qu'il avait voulu détruire la preuve des larcins qu'il aurait faits au Bamboche. Tout cela n'est guère vraisemblable, mais ce qui est positif, c'est que les dessins de Wouwermans sont de la plus extrême rareté, & c'est une bonne fortune pour le *Musée universel* de pouvoir en donner un *fac-simile* dû à la pointe fine & spirituelle de M. Feyen-Perrin.

La *Halte de Bohémiens*, dessin tiré du cabinet de M. Émile Galichon, nous montre le talent de Wouwermans sous son aspect pittoresque. Les bohémiens sont arrêtés près d'une masure, tandis que leur chariot file derrière un gros arbre qui n'est qu'indiqué. La scène se déroule au premier plan : ici la toilette des enfants, incident obligé dans une scène de ce genre, là les chiens & les chevaux, partout de la vie & de l'animation. Tous ces groupes, qui présentent chacun un caractère différent, sont reliés ensemble, avec tant de naïveté & de naturel, que le peintre semble n'avoir rien inventé, mais avoir simplement copié ce que chacun pouvait voir comme lui. Le grand art consiste à dissimuler l'effort, & ce n'est que par une longue observation que les maîtres arrivent à nous faire illusion, en s'identifiant avec la nature.

RENÉ MÉNARD.

JEANNE D'ARAGON

D'APRÈS

RAPHAEL

(MUSÉE DU LOUVRE)

ES détails qui se rattachent à l'enfance & aux premières impressions de Raphaël présentent un intérêt & un charme inexprimables. On aime à se le figurer tout enfant, recevant sous le toit paternel les premières notions de l'art, & formant ensuite son talent avec un maître comme le Pérugin. Comme on le suit avec plaisir, lorsqu'il arrive à Florence, muni d'une lettre de recommandation de la sœur du duc d'Urbin, qui le qualifie de « jeune homme modeste & de manières distinguées », & quand il se lie avec fra Bartholommeo, l'austère disciple de Savonarole !

On conserve à l'Académie de Venise un précieux livre de croquis dus à la première jeunesse de Raphaël. Il y a, entre autres, un dessin à la plume qui représente la vieille église d'Urbin, sa ville natale. C'est à Urbin que se rattachent tous ses souvenirs, c'est là qu'il a passé ses premières années & qu'il a trouvé ses premiers protecteurs.

Parmi ces cours italiennes de la Renaissance, si polies, si lettrées, si savantes, celle du duc d'Urbin était au premier rang. Le comte Castiglione, dans son *Livre du Courtisan,* nous a laissé un vif tableau des mœurs & de l'entourage d'un prince italien du XVIe siècle. Chacun se piquait alors d'art & de philosophie ; si la hiérarchie se maintenait dans les rangs, il n'y avait aucune étiquette dans les mœurs, & les lettrés & les artistes traitaient le prince non comme un auguste maître, mais comme un ami bienveillant, en état de les comprendre & de les protéger.

L'éclat de cette cour d'Urbin ne put manquer d'influer sur le talent de Raphaël ; ce fut là qu'il entra en relation avec les plus nobles personnages, comme avec les savants les plus illustres, & qu'il contracta avec le comte Castiglione & Pietro Bembo cette amitié étroite qui devait durer toute sa vie. Les idées platoniciennes étaient alors en vogue par toute l'Italie, & les discours enthousiastes sur le beau, loin d'effaroucher les grandes dames, étaient fort prisés de ces princesses lettrées, qui mettaient au-dessus de tout le beau langage & les idées élevées.

Quand Raphaël vint à Rome déployer ses talents sur une scène plus vaste, il était déjà façonné à ces mœurs élégantes qui se traduisent si bien dans la physionomie de ses portraits. Ce n'est pas en effet un visage ordinaire que celui de cette princesse dont le *Musée universel* donne aujourd'hui le portrait, & dans le charme qu'il inspire, l'expression a une part encore plus grande que les traits.

Jeanne d'Aragon est une des femmes les plus illustres de la Renaissance. Les artistes l'ont surnommée la *divine,* & plus de trois cents poëtes ont chanté à l'envi son esprit & ses charmes. Agostino Nifo lui dédia son *Traité de l'Amour & de la Beauté,* qui commence ainsi : « Très-illustre Jeanne, lorsque je me demandai quel était celui de mes ouvrages que je pourrais te présenter, je songeai aussitôt à un livre divisé en deux parties, dont l'une traite de la Beauté & l'autre de l'Amour, livre qui n'a pas d'autre objet que de te rendre hommage & de te témoigner mon profond respect. Car quoique le divin Platon ait déjà minutieusement traité ces deux sujets, j'ai pourtant osé y revenir après lui, parce que, au commencement, au milieu & à la fin de mon ouvrage, ta beauté m'a toujours fourni des arguments. »

L'admiration que toute l'Italie a manifestée pour cette illustre dame est pleinement justifiée par le portrait de Raphaël. La jeune princesse est assise, tournée à gauche & vue de trois quarts. Les yeux bleus encadrés de beaux sourcils arqués, son nez fin, la jolie fossette de son menton, les cheveux d'or retombant sur la nuque, tout, dans son visage, d'un ovale si pur, répond aux descriptions des poëtes. Elle est coiffée d'une toque de velours rouge, ornée de pierres précieuses, & vêtue d'une robe de la même étoffe.

Vasari prétend que Raphaël a peint seulement la tête, & que le reste est de Jules Romain. Mais le portrait présente un ensemble si parfait, qu'il est bien difficile de distinguer ce qui est du maître & ce qui est de l'élève. Il a été primitivement peint sur bois, & reporté ensuite sur toile. Ce précieux tableau, qui fait partie de la galerie du Louvre, vient de la collection de François Ier, & bien qu'il en existe plusieurs répétitions, l'authenticité de celui-ci n'a jamais été contestée. La copie appartenant au comte de Warwick a figuré à l'exposition de Manchester, où elle était cataloguée comme répétition originale. Le musée de Berlin en renferme une copie exécutée par Sasso Ferrato.

RENÉ MENARD.

UNE VANNEUSE

PAR

FEYEN-PERRIN

(SALON DE 1867)

La vanneuse est debout sur la grève où tout dort,
Et ses bras que déploie un mouvement rhythmique,
Devant elle jetés, dans une pose antique,
Tiennent le van d'où fuit une poussière d'or.

Sur un ciel où le jour s'éteint, son fier visage
Profile une ombre austère & charmante à la fois,
Et le vent frais qui court de la mer vers les bois
Sur son buste & ses seins a moulé son corsage.

On voit qu'elle a nourri de robustes enfants,
Que l'aîné n'est pas vieux & que tous sont vivants,
Et que son âme ainsi que la mer est profonde.

Elle est aussi, dans sa sereine majesté,
Notre nourrice à tous, — car son labeur féconde
La mamelle géante où boit l'Humanité.

ARMAND SILVESTRE.

INONDATION

EAU-FORTE

PAR

JULES MICHELIN

L'INONDATION dans la campagne est le plus mélancolique & le plus troublant des spectacles. La menace que fait à l'homme la nature est à la fois ouverte & sournoise, active & muette. A chaque minute l'œil mesure ce que l'eau conquiert, & l'ennemi ne s'arrête pas, & l'imagination se demande avec angoisse si ce n'est pas la première heure des quarante jours & des quarante nuits d'un nouveau déluge ! Dans un incendie, on évalue, si grande qu'elle soit, la part que pourra se tailler le feu. Pendant une inondation, on attend. L'eau ne dit rien de ses noirs projets & s'avance.

Une trombe a crevé dans une vallée, ou bien une nuit de dégel a fait fondre les premières neiges.

En une heure, le ruisseau est devenu un torrent : il court rongeant ses rives & ses îlots, roulant sur ses vagues courtes une écume baveuse, des joncs, des feuilles mortes qui tourbillonnent dans le remous, s'enfoncent & reparaissent jaunis par la vase.

Ce n'est encore que l'image d'un fleuve en miniature...

Mais, à côté, la vaste prairie verte semble agitée par une force souterraine, les herbes se courbent, l'eau apparaît par plaques bleues sans que l'œil ait pu deviner ses sentiers souterrains ; l'herbe disparaît ; c'est un étang, un lac que moirent les courants qui se forment dans le sens des pentes. L'eau franchit le talus des fossés, mord le pied des peupliers & des saules, coupe les chemins, va battre la porte de la chaumière. Elle monte encore. Dans une heure, on n'apercevra plus de la maison que le toit qui ressemblera à un bateau renversé. Ou, si la maison fait obstacle au torrent qui grossit son flot, heurte les murs, affouille les fondations, elle s'effondrera sans bruit, toute d'une pièce, avec ce subit anéantissement d'un morceau de sucre jeté dans un verre d'eau.

M. Michelin a assisté à ce drame, en 1866, dans le département de l'Allier.

C'était à l'automne. Les arbres à demi dépouillés enlevaient leurs rameaux grêles sur le ciel gris. Les corbeaux se débandaient, inquiets & affamés. Il a vu cette barque luttant contre le courant pour aller sauver les habitants & les meubles d'une ferme isolée. Il a vu aussi cette vache qui, tranquille sur un tertre isolé, tondait l'herbe & marquait innocemment l'immense indifférence de la nature pour les désastres humains.

Au retour, il fit d'après son croquis, note sincère de voyage, l'eau-forte que publie aujourd'hui le *Musée universel*. Et cette eau-forte est une des bonnes de son œuvre parce qu'elle a su conserver la trace d'une sensation profondément ressentie.

Nous avons déjà parlé ici même de M. Jules Michelin. Le *Musée universel* étant un livre dont les pages se complètent au jour le jour, nous ajouterons que, depuis notre première notice, cet artiste a pu se livrer, sans préoccupation imposée, à ses travaux de prédilection. Nous avons vu des fusains, des études peintes qu'il vient de rapporter du Limoüsin; ils rendent énergiquement les lignes cadencées, les accidents pittoresques, les frondaisons vigoureuses de cette province qui a tant servi aux premiers combattants du romantisme, Marilhat, Théodore Rousseau, Jules Dupré, & qui, par la sereine tranquillité de son style, mériterait d'être appelée « la campagne de Rome » des paysagistes français.

PH. BURTY.

UN TRIBUNAL A DAMAS

D'APRÈS

MME HENRIETTE BROWNE

(SALON DE 1869)

Les femmes qui se sont illustrées dans la peinture sont plus nombreuses qu'on ne le croit généralement. Parmi les anciennes miniatures que nous admirons, un grand nombre sont dues à des mains féminines, &, dès l'origine de la peinture à l'huile, nous trouvons Marguerite van Eyck associée aux travaux de ses frères. En Italie, Marietta Robusti, la fille du Tintoret, parfaite musicienne & peintre remarquable, s'adonna surtout au portrait, & sa mort précoce a inspiré à M. Léon Cogniet un de ses tableaux les plus célèbres. Plus tard, la Vénitienne Rosalba Carriera, dont les belles miniatures & les superbes pastels sont disséminés aujourd'hui dans les musées, fut appelée successivement dans les principales cours de l'Europe & accueillie partout avec la distinction due à son talent. En Allemagne, Angelica Kauffmann, Suisse d'origine, acquit une légitime réputation par ses tableaux d'histoire & fut l'amie de Gœthe, de Raphaël Mengs & de tous les hommes éminents de son temps, qui sont unanimes à vanter l'élévation de son caractère & le charme de son esprit. Elle mourut à Rome, où le directeur de l'Académie de France & le sculpteur Canova tinrent le drap mortuaire à ses funérailles.

La France est peut-être le pays où les femmes ont le plus cultivé la peinture. Le peintre & poëte toulousain Hilaire Pader, dans un livre bizarre publié en 1658, sous le titre de *Songe énigmatique sur la peinture universelle,* énumère longuement les « illustres peintresses » de son temps. Catherine Duchemin, la femme du fameux sculpteur Girardon, fut la première dame admise à l'Académie royale de peinture & sculpture, &, depuis elle jusqu'à madame Lebrun, qui fut la plus célèbre, le nombre des académiciennes est assez considérable. La réorganisation de l'Institut ferma aux dames l'entrée de l'Académie, mais n'empêcha pas celles qui avaient une véritable vocation de se faire connaître au public par les expositions. Nous signalerons dans le *Musée universel* les femmes artistes qui ont contribué à l'éclat de l'art contemporain.

La peinture est un art qui peut s'exercer dans l'intimité & n'exclut ni le charme d'une vie de retraite, ni les devoirs sérieux de la famille. De là vient sans doute que les dames cultivent souvent la peinture; seulement, quand elles ne veulent pas que leur nom figure dans les journaux, elles signent leurs tableaux avec un pseudonyme.

Tout le monde se rappelle le succès qu'obtinrent à l'exposition *les Sœurs de charité* de madame Henriette Browne. Un enfant pâli par la fièvre est sur les genoux d'une bonne sœur qui vient de l'envelopper d'une chaude couverture de laine, tandis qu'une autre sœur jette sur lui un regard inquiet en préparant une potion. Toute cette scène était rendue avec une tendresse & une émotion profondes. L'inspiration était partie d'un cœur féminin, chacun le devinait sans avoir besoin de lire la signature. Mais en même temps l'exécution, exempte de mièvrerie, présentait cette largeur & cette fermeté qui dénotent de solides études. Madame Henriette Browne, qui est élève de M. Chaplin, lui avait emprunté sa touche, mais elle l'avait appliquée à une pensée originale.

Depuis ce temps, madame Henriette Browne nous a montré, dans de petits sujets intimes, à quel point elle comprenait toutes les grâces souriantes de l'enfance. Mais attirée, comme tant d'autres artistes, vers les contrées pittoresques de l'Orient, elle a abordé des sujets d'un tout autre ordre, depuis la *Joueuse de flûte* dans un harem de Constantinople jusqu'au *Tribunal à Damas*. C'est ce dernier tableau, qui a figuré à l'exposition de 1869, dont le *Musée universel* donne aujourd'hui une eau-forte, due à la pointe spirituelle de M. Courtry. Tous les membres de l'assemblée sont rangés autour d'une grande salle, au milieu de laquelle chacun a laissé ses chaussures. La muraille n'a pour tout ornement que quelques papiers, sur lesquels sont écrites des sentences. Mais cette nudité, loin de faire mauvais effet, prête au tableau un grand charme pittoresque, & elle est d'ailleurs tempérée par un effet de lumière diffuse, très-bien rendu par la gravure. Les figures, quoique relativement très-petites, gagnent en importance tout ce que le fond perd en richesse de détail. Ce tableau, si différent de ceux qui avaient marqué les débuts de l'artiste, montre chez madame Henriette Browne une grande souplesse de talent.

RENÉ MÉNARD.

LE BOSPHORE

D'APRÈS

PASINI

(COLLECTION DE M. WAIL)

'ETHNOGRAPHIE dans l'art est une forme particulière qui ne date que de notre siècle. Aux époques antérieures les peintres ne la connaissaient point & n'avaient pu la trouver. Quoique les artistes aient toujours été une race volontiers errante, ce n'est pas en un temps où les moyens de transport étaient si longs, si périlleux & si coûteux, qu'un peintre se fût avisé de quitter son pays un beau matin pour aller, à travers le monde, à la recherche de contrées, de populations & d'architectures à peu près inconnues en Europe. Quelques gros commerçants génois, vénitiens ou hollandais ne constituaient point pour des œuvres qui n'eussent été recueillies qu'à grand'peine une clientèle vraiment suffisante. Certainement, les amateurs d'art &, à leur suite, le public soumis au culte des traditions italiennes eussent traité fort dédaigneusement, comme curiosités de bazar, des peintures, dessins, sculptures, exécutés au point de vue ethnographique. Aussi le seul voyage que fissent les artistes alors était-il le voyage d'Italie & non point pour la terre italienne elle-même, sauf de rares exceptions, mais pour les œuvres de l'art antique & de la Renaissance accumulées dans les galeries publiques & dans les palais.

La campagne d'Égypte avec sa commission savante, demeurée illustre, ouvrit l'Orient aux investigations prochaines des artistes. C'est depuis lors que nous nous sommes peu à peu habitués à regarder hors du cercle étroit de notre civilisation. Dès la première heure, un grand peintre français, Gros, ne rendit-il point, par une sorte d'intuition merveilleuse, ne comprit-il pas tout au moins, dans sa *Bataille d'Aboukir,* dans ses *Pestiférés de Jaffa,* le prestige pittoresque des contrées ultra-méditerranéennes? Reprise depuis par Eugène Delacroix dans le *Massacre de Scio,* la même tendance nous valut encore une œuvre d'art admirable, mais, comme celles de Gros, dépourvue de toute valeur réelle à titre de renseignement ethnographique. Delacroix n'avait pas vu la Grèce, Gros n'avait pas vu l'Égypte.

Ceux de nos artistes français qui, les premiers, virent & peignirent l'Orient en ce siècle le traduisirent en poëtes amoureux des colorations puissantes, des contrastes piquants de tons, de lumières, de costumes, & en cela ils étaient pleinement dans le droit de leur talent; ils ont donc laissé à ce titre des tableaux qui font le plus grand honneur à la peinture moderne. Toutefois ce défaut de sincérité scrupuleuse enlève à ces peintures si remarquables en tant qu'œuvres d'art, en tant que créations esthétiques, le mérite très-spécial que, dans une certaine mesure, on serait en droit d'exiger des peintures ethnographiques, je veux dire l'exactitude. Je ne songe pas à blâmer ici ni Decamps ni Delacroix (celui-ci après son voyage au Maroc) d'avoir donné une interprétation pittoresque des lieux qu'ils ont visités; mais je ne veux, je ne puis accorder à leurs ouvrages qu'une confiance relative comme document; c'est ailleurs & plus haut, j'en conviens, qu'est leur mérite.

D'autre part, je n'ignore pas le danger très-grave que la poursuite de l'exactitude, de la précision absolue fait courir à l'artiste. Cette préoccupation d'une réalité sans chimère, sans poésie; la pratique exclusive de la peinture-document, en un mot, peut l'entraîner rapidement dans une voie qui, pour des yeux indifférents, semble se confondre avec celle de l'art, quand au contraire les deux voies n'ont entre elles rien de commun, au plus les bas côtés. Est-ce à dire qu'il n'y a pas de milieu possible entre cette aridité anti-esthétique & la transformation poétique telle que les Decamps, les Delacroix, les Ziem l'ont imposée à la nature orientale? Si! ce milieu existe, l'alliance du pittoresque & du vrai est réalisable. Le sentier est étroit, à la vérité. Marilhat, cependant, l'a parcouru, & après lui M. Eugène Fromentin, M. de Tournemine, MM. Berchère, Guillaumet, Belly, Valério & tant d'autres dans notre école française contemporaine.

Si M. Pasini n'était Italien, j'aurais dû le nommer aux premiers rangs parmi les noms qui précèdent, car il a pris & gardé une des belles places à nos expositions comme orientaliste. Le tableau que nous reproduisons ici est une vue de ce Bosphore tant admiré. Dans la lumière du soir, les minarets des mosquées découpent leur silhouette sur la pente des collines baignées par le flot d'azur. C'est la poétique magie des soirs au pays enchanté des *Mille & une nuits*. N'y a-t-il pas là une altération du réel au profit de la beauté pittoresque? Je ne sais. Mais je n'hésite pas à affirmer que dès qu'un artiste interprète avec son génie personnel, comme le fait M. Pasini, une scène de la nature, il nous transmet de cette scène une image plus vraie & d'une vérité plus haute que ne pourrait l'être la plus étroite vérité. Cette dernière nous donne la lettre des choses, l'interprétation nous en donne l'esprit. Or il est acquis que la lettre tue quand l'esprit vivifie.

ERNEST CHESNEAU.

LE MUSÉE UNIVERSEL

LES JOUEURS

D'APRÈS UN DESSIN

DE DAVID TENIERS

(MUSÉE DU LOUVRE)

AVID TENIERS, le joyeux peintre des tabagies & des kermesses, des moines en tentation & des alchimistes, avait appris de son père les principes de son art. Mais il subit en même temps l'influence de Rubens, dont il fut en partie l'élève. Teniers le père, au surplus, était un habile artiste : par malheur pour sa réputation, ses meilleurs tableaux sont souvent attribués à son fils, tandis que les premières & les plus faibles productions du fils sont parfois attribuées au père.

David Teniers peignait avec une facilité qui tenait du prodige. On raconte qu'un jour qu'il était allé à la campagne avec sa boîte à couleurs, il s'aperçut, au moment où la faim le prit, qu'il avait oublié sa bourse & n'avait pas de quoi payer son déjeuner. Il entre bravement dans une auberge, & non content de se faire servir à dîner, il fait entrer un mendiant qui jouait de la cornemuse à la porte, & le fait manger aussi. Le repas fini, Teniers se met à peindre le mendiant qu'il vient de régaler, & déclare aux curieux qui l'entourent que la toile est à vendre. Il trouve de suite un amateur & paye magnifiquement son hôtelier stupéfait.

Cette anecdote est probablement apocryphe, mais elle est très-ancienne, & prouve l'opinion qu'on avait de la facilité du peintre. C'est de là que vient le nom d'*Après-dînée de Teniers,* que les amateurs donnent souvent aux toiles du maître lorsqu'elles n'ont qu'une ou deux figures.

Teniers n'est pas seulement un peintre de tabagies, il a fait aussi des sujets religieux, seulement il les comprend à sa façon, & les diables l'amusent beaucoup plus que les anges & les bienheureux. Que de fois n'a-t-il pas représenté la tentation de saint Antoine? c'était pour lui une occasion d'évoquer des bêtes fantastiques & ridicules, des hiboux en lunettes, des chats déchiffrant de grands livres, des reptiles à figure de vieille femme, & toutes ces formes grotesques que le diable aimait à prendre quand il voulait distraire le saint de ses prières. Teniers avait épousé la fille de Breughel de Velours, & c'est dans la société de son beau-père qu'il a pris goût aux scènes fantastiques & aux cauchemars bouffons qui viennent troubler la méditation des ascètes.

La fortune a souri à Teniers, qui a mené la vie de grand seigneur. Ses tableaux ont atteint de son vivant un prix énorme, mais son immense production suffisait à peine aux prodigalités du peintre. A l'exception de Louis XIV, qui ordonna d'ôter « ces magots » en voyant un tableau de Teniers dans sa chambre, tous les princes du temps voulaient avoir des œuvres du peintre flamand, & le roi d'Espagne, Philippe IV, fit faire à l'Escurial une galerie spécialement consacrée à ses kermesses & à ses tabagies. Don Juan d'Autriche, gouverneur des Pays-Bas, ne se contenta pas d'admirer ses ouvrages, il vint lui demander des leçons de peinture.

David Teniers, au surplus, était logé de manière à recevoir de pareils élèves. Il avait acheté le château *des Trois-Tours,* magnifique résidence seigneuriale accompagnée d'un parc & de pièces d'eau où nageaient les cygnes, & située sur une éminence d'où l'on avait une vue magnifique. Teniers en était très-fier, & l'a souvent représenté dans ses tableaux.

C'est là qu'il menait sa vie de grand seigneur. Quand il sortait, c'était pour aller dans les villages observer les mœurs des bonnes gens, épier leurs gestes, & préparer des matériaux nouveaux pour sa production chaque jour renouvelée. Il traçait sur nature des croquis d'une vérité saisissante, d'après lesquels il peignait ensuite ces tableaux d'un ton si argentin & si harmonieux, où la touche est toujours si expressive & si spirituelle. C'est un de ces dessins pris sur nature que le *Musée universel* publie aujourd'hui.

Deux paysans sont assis dans une tabagie & jouent aux cartes, & deux autres, debout derrière eux, fument leur pipe. Tel est le sujet que représente notre dessin, & il n'en fallait pas plus à Teniers pour faire une scène intéressante. Quelle variété dans l'expression de ces têtes! Teniers peint le moral de ses paysans en même temps que le physique. On les entend discuter, raisonner, ils ne se ressemblent jamais entre eux, & chacun montre ses sensations d'une façon qui lui est personnelle. Ce beau dessin, qui fait partie du musée du Louvre, vient de la collection de Mariette, très-célèbre connaisseur du dernier siècle.

RENÉ MÉNARD.

L'ÉTANG DE VILLE-D'AVRAY

D'APRÈS

COROT

(COLLECTION DE M. MONJEAN)

L est difficile de parler de Corot, après l'excellente notice de notre collaborateur, M. Courbet, qui a paru dans le premier volume du *Musée universel*. Pourtant, puisqu'on ne se lasse pas de regarder ses tableaux, pourquoi se lasserait-on de dire le plaisir qu'ils vous causent, surtout lorsqu'ils nous montrent le talent du maître sous un aspect différent?

Le charme qu'on trouve dans les œuvres de Corot tient à son double caractère d'observateur & de rêveur. Dehors, il observe toujours : à la promenade, dans la rue, dans les champs, en chemin de fer, il porte un petit carnet qu'il emplit de notes, inintelligibles pour tout autre, mais qui ont pour lui la plus haute signification. Quelquefois, vous y voyez tracées quelques lignes indécises, & au milieu d'elles un petit rond ou un petit carré, un signe conventionnel quelconque. Qu'est-ce que cela? Demandez-le au maître. Il vous dira que c'est un mouvement du ciel crayonné en courant : le petit rond, c'est la plus grande lumière; le petit carré, c'est la plus grande ombre. Dans un paysage, les valeurs d'ombre & de lumière sont la clef de voûte du tableau.

Corot a chez lui une quantité d'admirables études peintes d'après nature, & ses cartons sont remplis de dessins faits avec la plus minutieuse exactitude. Dès que la saison est venue, il part à la campagne & rapporte de nouvelles richesses. Mais dès qu'il est enfermé dans son atelier, Corot n'est plus le même. Il consulte rarement ses études & peint d'inspiration. C'est alors que les souvenirs qu'il a accumulés se combinent dans son esprit & prennent cette couleur poétique que l'artiste sait leur donner. Les nymphes qu'il évoque viennent danser en ronde sous les bocages verdoyants; les arbres au feuillage indécis se reflètent dans les eaux limpides, ou mêlent leurs racines bossuées aux herbes que le courant agite mollement, les rayons d'une lumière argentine colorent doucement les prés humides de la rosée du matin, les brumes de l'air donnent au ciel ces formes vagues & ces teintes sans nom qui sont le prélude de l'aurore. Qu'il évoque dans la mythologie quelque souvenir gracieux, ou qu'il cherche à traduire d'une façon positive quelque site qu'il a vu, Corot laisse toujours dans son œuvre un parfum poétique, qui est sa personnalité & qui équivaut à une signature.

Le tableau dont nous donnons la reproduction représente l'étang de Ville-d'Avray. Tous les promeneurs du dimanche ont vu cet endroit; mais Corot y a rêvé. Chacun peut reconnaître le groupe d'arbres qui est à droite, les petites maisons qu'on aperçoit dans le fond; le vieux bateau tranquille sur son rivage, les vaches même qui passent là chaque jour. Le peintre a représenté les choses comme elles sont, mais il a tout enveloppé dans une atmosphère vaporeuse, il a baigné les feuillages de rosée, il a donné au ciel une limpidité ravissante, il a su marier la vigueur des arbres au ton argentin des horizons, & son tableau, exacte représentation d'un endroit, sait en même temps éveiller dans la pensée mille souvenirs vagues & charmants qu'on a trouvés dans la solitude & la fraîcheur des bois, impressions fugitives que tout le monde connaît, mais que Corot seul sait rendre.

RENÉ MENARD.

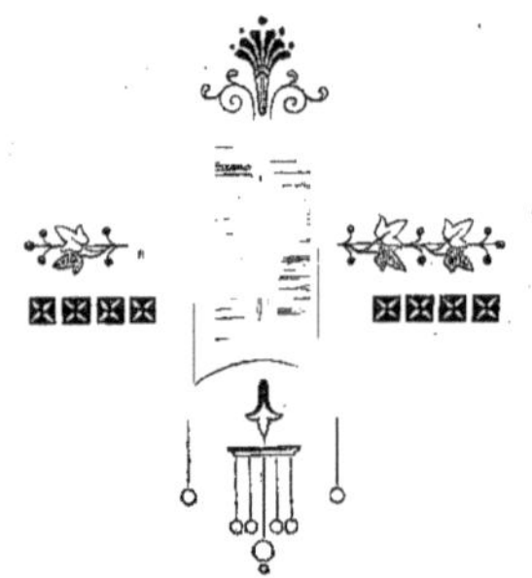

LA FENAISON

EAU-FORTE

PAR

J. VEYRASSAT

LA fenaison est un des épisodes les plus pittoresques de la vie rurale. Première coupe ou regain, c'est toujours pendant les longs jours de la belle saison que tombe le foin, la luzerne ou le sainfoin.

Dès l'aube, les faucheurs emmanchent leur grande faulx luisante. Ils marchent d'un pas égal, &, à chaque reprise de leur geste ample & rhythmé, l'herbe se couche devant eux comme le premier rang d'un bataillon sous la volée de la mitraille. Au bout du champ, ils s'arrêtent & passent, sur le tranchant émoussé, la pierre bleue qui pend à leur ceinture.

es emmes viennent erri re, [illegible] l'herbe fraiche & l'éparpillent. Puis, quand les rayons du soleil l'ont séchée, elles la ramassent en villottes.

C'est de ces villottes que, le soir, s'exhalent ces parfums, âcres & capiteux, langoureux & excitants, qui flottent dans l'air comme les fumées d'une cérémonie nuptiale. La Nature a dans ces nuits d'irrésistibles séductions : des cieux d'un bleu plus profond, des astres plus brillants & plus nombreux, des silences plus chargés de mystères, des formes plus augustes dans leur solennelle indécision. Jamais l'homme ne se sent mieux noyé dans la vie infinie.

Le moment « des foins » est aussi celui des orages.

M. Veyrassat a rendu, dans l'eau-forte qui est en regard de ces lignes, un de ces jours menaçants où l'on se hâte de rentrer la récolte.

Il est quatre heures. Les faneuses ont ramassé les villottes en une meule, au milieu du champ. Le botteleur n'a point eu le temps de venir. Il fera son ouvrage à la ferme, aux premières pluies d'automne. Des nuages courent dans le ciel. On s'attend à une averse pour la nuit. La grande charrette à deux chevaux arrive, & l'on tasse l'herbe à demi sèche, à demi souple encore, pour n'être point forcé de faire deux voyages.

L'âne, en attendant, prend un à-compte.

Cette composition montre que M. Veyrassat a su finement observer, dans la Brie ou la Beauce, les occupations des champs. Son eau-forte est vive & piquante. Peu de peintres savent aussi agréablement manier la pointe, sans lourdeur & sans mièvrerie. L'âne, les chevaux sont dessinés avec goût, &, ce qui n'est pas moins louable, les masses indécises de forme du foin entassé sont exprimées par des valeurs de ton bien distribuées.

M. J. Veyrassat ne sait pas seulement mettre sur cuivre le croquis de d'aqua-fortiste. Il possède toutes les ressources, tous les secrets de son métier. Mais sa réelle profession est d'être peintre paysagiste; c'est par ses paysages fins & naturels que le public a appris à le connaître & à le chercher aux expositions. M. Veyrassat ne s'éloigne guère de Paris pour chercher des sujets. Il pense, avec raison, qu'un chemin creux, un champ de blé, une allée de pommiers, un charretier regagnant la ferme, assis sur un de ses chevaux de labour, suffisent pour arrêter un poëte, un artiste sincère. Chaque année, il écrit dans un style modeste et franc quelque nouvelle page de l'histoire de la campagne de France.

PH. BURTY.

A LA FONTAINE

D'APRÈS LE TABLEAU DE

LÉON BONNAT

LA vie d'artiste, si rude pour quelques-uns, semble facile pour d'autres. Ils sont remarqués dès leur début, l'attention publique suit attentivement leurs efforts, & le succès les accompagne partout. M. Bonnat est un nouveau venu dans les arts, & il compte parmi nos peintres les plus connus. Mais ce qu'il y a de singulier, c'est que la grande popularité acquise par l'artiste n'est pas en rapport avec les tendances qu'il paraît avoir vers la grande peinture. M. Léon Bonnat est élève de M. Madrazo & Léon Cogniet. Il s'est fait remarquer en 1861 par un tableau représentant *Adam & Ève qui trouvent leur enfant mort*. Cette toile a été acquise par le musée de Lille. Malgré le ton un peu briqueté de la peinture, elle se distinguait par une composition originale & une exécution vigoureuse. Le *Saint Vincent de Paul prenant la place d'un galérien* a montré un progrès évident, &, depuis, l'artiste a exécuté des décorations au Palais de Justice de Paris, & obtenu en 1869 la grande médaille d'honneur avec une *Assomption* destinée à l'église Saint-André de Bayonne, sa ville natale.

Bien que ces grandes toiles aient obtenu dans nos expositions des succès officiels, ce n'est pas à elles que l'auteur doit la renommée dont il jouit. Ses études ont été dirigées du côté de la peinture d'histoire, mais son tempérament semble plutôt le porter vers le genre pittoresque & ce sont des petites toiles de chevalet qui lui ont valu ses plus grands & ses plus légitimes succès. Personne mieux que M. Bonnat ne s'entend à détacher des groupes de figures d'un ton basané, sur une muraille claire où la pâte est accrochée & raclée comme de la maçonnerie. Sa touche est toujours très-vivante & son exécution d'une rare habileté. Il joue avec sa brosse qui n'est jamais monotone, & dans les types italiens, qu'il affectionne, il a su donner une note nouvelle & se créer une originalité véritable.

Depuis Léopold Robert, les artistes ont singulièrement abusé des types italiens, & le public commençait à être las de voir des tableaux qui, au lieu de traduire une impression personnelle, semblaient tous copiés d'après un poncif commun. Le talent un peu maladif de M. Hébert a donné de l'Italie une interprétation nouvelle, & le public s'est épris de ces scènes mélancoliques où une population abattue par la pauvreté & la fièvre laisse voir à travers ses haillons une dignité pleine de style & d'élévation. Si nous en croyons M. Bonnat, l'Italie n'est pas si malsaine. Nous y voyons de belles jeunes filles qui n'ont pas assurément la fraîcheur des races du Nord, mais dont le teint brun n'a rien de maladif. Assises nonchalamment sur les marches des palais, elles se réchauffent aux ardeurs d'un soleil méridional. Sous leurs lourds vêtements & leurs tabliers bariolés, elles montrent une élégance & une tournure charmantes, & leurs visages dorés présentent des traits d'une pureté & d'une finesse remarquables.

Ce sont ces petits tableaux italiens qui ont assuré à M. Bonnat la place éminente qu'il occupe dans les arts, parce que le public & les artistes y trouvent également leur compte. Celui que nous donnons ici nous montre un sujet bien simple. Une jeune Italienne est près d'une fontaine & approche sa tête pour boire l'eau qui coule. Aucun incident ne vient distraire de cette petite scène, qui est charmante par sa simplicité même. Le visage de la jeune fille se présente de profil, & le corps en se penchant forme une cambrure gracieuse. Évidemment, le charme de la couleur entre pour beaucoup dans le plaisir que cause un tableau de ce genre ; mais, à défaut de la teinte particulière, la lithographie de M. Vernier rend parfaitement l'effet général, & les valeurs sont observées avec tant de justesse, que l'on croit avoir le tableau sous les yeux. M. Vernier a obtenu une médaille au dernier Salon, & compte aujourd'hui parmi nos lithographes les plus estimés.

RENÉ MÉNARD.

UNE RUELLE AU XVIE SIÈCLE

D'APRÈS LE TABLEAU DE

CHARLES SAUVAGEOT

L y a des artistes qui vont dans la campagne chercher les impressions fraîches & saines que donnent le grand air, le beau soleil, la vie des champs, le silence des bois. Épris de la réalité, ils jouissent pleinement du spectacle de la nature, & reproduisent sur la toile, non pas ce qui existe, comme ferait une photographie, mais ce qu'ils ont senti. Leur émotion, qui se traduit par le ton, par la touche, par l'accentuation des formes, suffit souvent pour rendre intéressant un sujet qui par lui-même avait peu de valeur. Que l'habitant des villes éprouve du plaisir à voir accrochées dans son appartement des toiles qui lui rappellent la campagne & ses délicieuses rêveries, il n'y a rien là qui puisse surprendre; mais qu'un homme qui demeure dans une rue large, bien aérée, tirée au cordeau, garnie de larges trottoirs, bordée de maisons neuves & blanches, de boutiques soigneusement entretenues, se complaise à voir figurer par l'art une ruelle dans laquelle il éviterait certainement de passer si elle était dans son quartier, c'est là un fait qui étonnera toujours ceux qui ne sont pas initiés à l'art; pourtant c'est parfaitement naturel.

La gravure que publie aujourd'hui le *Musée universel,* d'après un tableau de M. Sauvageot qui a figuré à l'exposition de 1869, peut tomber entre les mains d'un membre d'une édilité qui la trouvera charmante, & qui pourtant, dans le sein du conseil municipal, voterait peut-être la démolition de cette ruelle dont l'interprétation par l'art donne un résultat si piquant. L'artiste, en dessinant d'après nature les détails de ces antiques maisons, s'est vu sans doute entouré de groupes nombreux & sans cesse renouvelés, il a entendu demander autour de lui pourquoi on *tirait en portrait* ces vieilles masures, quand il y avait dans la ville des maisons toutes neuves, & par conséquent bien plus belles. Il est même probable qu'en dessinant sa ruelle, le peintre a supprimé bien des parties qui lui semblaient trop modernes, & que son tableau est une restitution plutôt qu'une imitation exacte.

Ce n'est pas pourtant sans raison qu'un intérêt puissant s'attache pour nous aux représentations des vieilles constructions. Si les gens illettrés ne voient là qu'une bizarrerie de goût, l'artiste y trouve un vif attrait par la tournure pittoresque, & le penseur sent s'éveiller en lui mille souvenirs. Nous voici en effet transportés en plein XVIe siècle. La nature du sol montre assez qu'il n'est pas balayé tous les jours & les marches irrégulièrement placées dans la ruelle sont dans un état de dégradation qui ne peut manquer de casser le cou de temps à autre à un passant attardé. La scène que l'artiste a représentée pour animer sa ruelle montre d'ailleurs assez que la police n'est pas mieux faite que le service de la voirie. Mais si nous avons fait des progrès sous le rapport de la salubrité, de la sûreté publique & des aisances de la vie, que nous sommes loin de ce temps sous le rapport de l'art & du goût! Tout cela est irrégulier, tortueux, mais charmant.

Chaque maison présente une silhouette particulière, & ne ressemble pas à sa voisine. Voici à gauche la boutique d'ancien style, courte, basse, massive, & en retrait sous le reste de la maison, qui abritera contre la pluie les marchandises & qu'on voudrait mettre à l'étalage. A droite est un hôtel, où sans doute on ne songe guère au commerce : mais on peut supposer, par le geste de la dame qu'on voit à la fenêtre, qu'il s'y passe quelque roman. Au fond, une élégante tourelle profile son toit sur le ciel. La ruelle est étroite & sombre, mais la lumière qui reluit au loin n'en est que plus éclatante. Il est bien certain que si l'artiste s'était placé sur le milieu du boulevard des Italiens & avait copié ce qui se présentait à ses yeux, il n'aurait pas trouvé cet aspect qui nous charme.

RENÉ MÉNARD.

ARNAUTES JOUANT AUX ÉCHECS

D'APRÈS

GÉROME

(COLLECTION DE M. AD. MOREAU)

E talent de M. Gérome se présente sous deux faces distinctes. Tantôt nous y trouvons un archéologue érudit qui cherche dans le passé quelque anecdote piquante & l'interprète avec infiniment de savoir & de goût, tantôt c'est un observateur attentif, qui communique ses notes de voyage avec un sentiment pittoresque & une vérité entraînante; il pique la curiosité & ne l'émousse jamais. Ce qui est certain, c'est qu'il réussit toujours à captiver le public, & la faveur qu'il a obtenue avec son premier tableau ne semble pas près de diminuer. C'est qu'il a une qualité éminemment française & qui ne l'abandonne jamais : l'esprit.

M. Gérome est l'élève chéri de Paul Delaroche, &, de même que son maître, il s'est révélé comme peintre, sans avoir eu de ces éclatants succès d'écolier, qui si souvent sont suivis d'une déception. Son *Combat de coqs* l'a posé, dès le début, comme le chef d'une petite école néo-grecque, fort en faveur il y a vingt ans & un peu oubliée aujourd'hui. On pouvait croire alors que, sa voie étant tracée & consacrée par un succès éclatant, il s'y tiendrait sans oser affronter les périls d'une tentative nouvelle. Mais il fallut bientôt reconnaître que son talent savait se plier à des genres très-différents, & pouvait aborder sans crainte les sujets les plus variés. Aucun peintre n'est moins monotone que lui,

> ...& d'une voix légère,
> Passant du grave au doux, du plaisant au sévère,

il donna le *Duel de Pierrot*, & la *Mort de César;* le *Molière chez Louis XIV*, & la *Phryné devant l'Aréopage;* le *Siècle d'Auguste*, & le *Rembrandt gravant une eau-forte;* des

Pifferari, & les *Combattants du Cirque; Socrate chez Alcibiade*, & l'*Assassinat du maréchal Ney*. Mais à côté de ces tableaux qui montrent un artiste familier avec sa bibliothèque, M. Gérome en a fait d'un tout autre ordre, qui sont le résultat de ses observations personnelles devant la nature. Il est passionné pour les voyages, & bien lui en prend, car ses impressions de touriste se traduisent sur la toile d'une façon piquante & originale. Tout le monde se rappelle ses *Musiciens russes*, son *Boucher turc*, son *Prisonnier sur une barque du Nil*, sa *Porte de la mosquée du Caire*, ses *Recrues traversant le désert*, son *Hache-paille égyptien*, &c.

D'autres artistes avant lui avaient exploité l'Orient, mais aucun ne l'avait interprété de la même manière. Decamps y avait vu le soleil, Marilhat y avait vu le Nil, M. Gérome y voit les habitants. Il en accuse les types avec une vérité qui ferait le bonheur des ethnographes, il en observe les mœurs comme un romancier, il en reproduit les habitudes, la tournure, le costume, avec une fidélité dont les récits de voyage les plus détaillés n'approcheront jamais, & quand la civilisation de l'Occident aura imposé à ces contrées nos habits noirs, nos rues alignées, nos habitudes de propreté & notre besoin du confortable, l'Orient tout entier revivra dans ces tableaux qui demeureront comme des documents exacts & curieux.

C'est un de ces souvenirs de l'Orient qui fait le sujet de notre gravure. Deux hommes dont le type, aussi bien que le costume, affirme une race bien différente de la nôtre, sont assis sur des *caffas*, espèces de bancs qui ressemblent à nos cages à poulet, & fort occupés d'une partie de jeu qu'ils viennent d'engager. L'un d'eux, tirant des bouffées de sa longue pipe, semble puiser dans sa fumée un conseil inspirateur; l'autre, qui a posé sa pipe à terre, cherche à deviner le coup que prépare son adversaire. Que de fois Téniers a traité ce sujet en l'accompagnant de l'inévitable pot de bière! Nous sommes pourtant bien loin de Téniers : ces gens-ci n'ont pas la bonhomie des fumeurs flamands, & leur visage présente même une certaine rudesse; mais ils sont sobres & à toutes les boissons du monde ils préfèrent les brillants oripeaux qui les couvrent & le sabre qui ne les quitte jamais. Le dessin que reproduit notre gravure fait partie de la collection de M. Ad. Moreau & a servi pour le tableau appartenant à lord Herford.

RENÉ MÉNARD.

LE MUSÉE UNIVERSEL

SOMMAIRE DE LA DEUXIÈME SÉRIE

PARIS. — J. CLAYE, IMPRIMEUR, 7, RUE SAINT-BENOIT. — [1460]

LE MUSÉE UNIVERSEL

Paraissant une fois par mois, le *Musée universel* sera composé de gravures accompagnées chacune d'un texte biographique, historique & descriptif par les écrivains les plus autorisés en matière d'art, & reproduira les œuvres choisies dans les musées, bibliothèques, collections, monuments & galeries particulières, ainsi que les œuvres contemporaines & notamment celles qui ont figuré aux Expositions universelles.

Les 12 livraisons de l'année, comprenant 25 planches & leurs textes, formeront un beau volume grand in-4°.

CONDITIONS DE LA SOUSCRIPTION

TROIS MOIS, 7 FR. 50; SIX MOIS, 15 FR.; UN AN, 30 FR.

Soixante exemplaires numérotés,
imprimés sur papier de Hollande, sont réservés aux amateurs.
Le prix de ces exemplaires est de 50 fr.

ON SOUSCRIT

EN ENVOYANT UN BON SUR LA POSTE AUX ÉDITEURS

GOUPIL & CIE

19 boulevard Montmartre, & rue Chaptal 9

OUVRAGES DU MÊME AUTEUR

LA COLLECTION SAUVAGEOT. 2 volumes in-folio. Prix. . . . . 180 fr.

LES COLLECTIONS CÉLÈBRES D'ŒUVRES D'ART. 1 volume in-folio. Prix. 120 fr.

PARIS. — J. CLAYE, IMPRIMEUR, 7, RUE SAINT-BENOIT. — [1116]

www.ingramcontent.com/pod-product-compliance
Lightning Source LLC
LaVergne TN
LVHW010044230826
846091LV00005B/1857